ABOUT BLACK CULTURE WORD SEARCH

50 PUZZLES AND ANSWER KEYS

FOR KIDS AGES 8-10

by
Carla DuPont, Cameron Alexa, & Chase Huger

About Black Culture Word Search For Ages 10-12

Copyright © 2023 by Carla DuPont, Cameron Alexa, & Chase Huger

Published by About Black Culture Educational Books, LLC
ISBN: 979-8-9860080-3-5

All rights reserved. In accordance with the U.S. Copyright Act of 1976, the scanning, uploading, and electronic sharing of any part of this book without the permission of the publisher constitutes unlawful piracy and theft of the authors' intellectual property. If you would like to use material from the book (other than for review purposes), prior written permission must be obtained by contacting orders@yayagirlz.com
Thank you for supporting the authors' rights.

Illustrations: Garrett Myers

OTHER CHILDREN'S BOOKS BY CAMERON ALEXA

www.yayagirlz.com

INSTRUCTIONS

Each page has a word search puzzle and a list of words for you to find. Cross-out each word as it is found. It might be best to use a pencil so you can erase mistakes if you make them. Words appear forward, downward, upward, diagonal, and across. Below are examples of how words are found.

An answer key for each puzzle can be found in the back, numbered and titled to match the puzzle in the first part of the book.

```
. . . . . . . . . U . . . . . .
. . . . . . . . . P . . . . . .
. . . . . . . . . W . . . . . .
. . . . . . . . . A . . . . . L
. . . . . . . . . R . . . . A .
. . . . . . . A D . . . N . . .
. . . . . . . . C . . O . . . .
. . . . . . . . . R G . . . . .
. . . . . . . . . A O . . . . .
. . . . . . . . . I . . S . . .
. . . . . . . . D . . . . S . .
. . . . . . . . . . . . . . . .
. . . . . . . . . . . . . . . .
. . . . . . . . . . . . . . . .
. . . D O W N W A R D . . . . .
```

WORD BANK

DOWNWARD
DIAGONAL
UPWARD
ACROSS

This book belongs to:

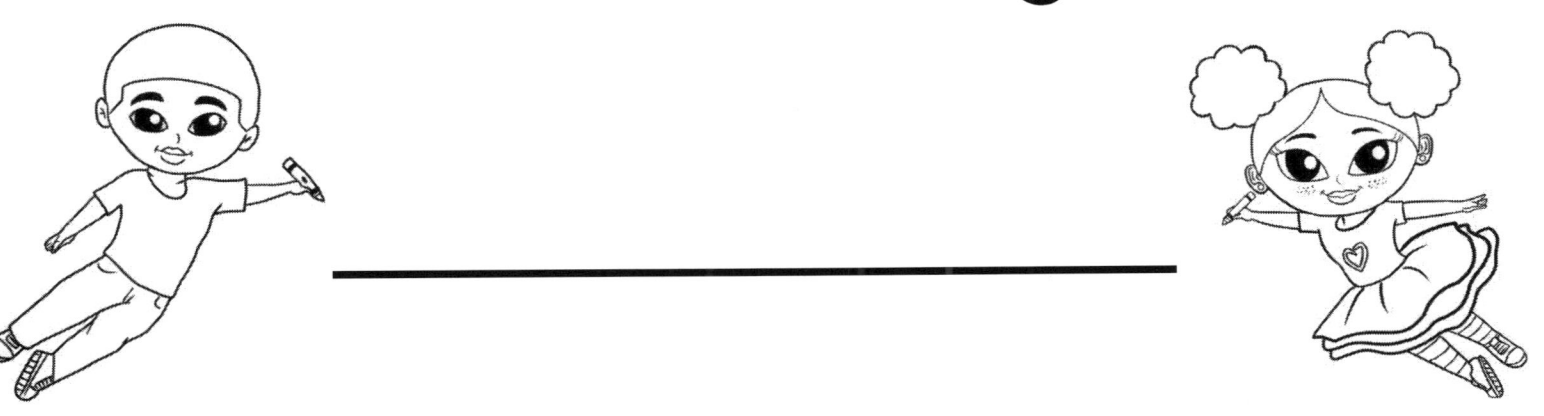

_____

SOUL FOOD

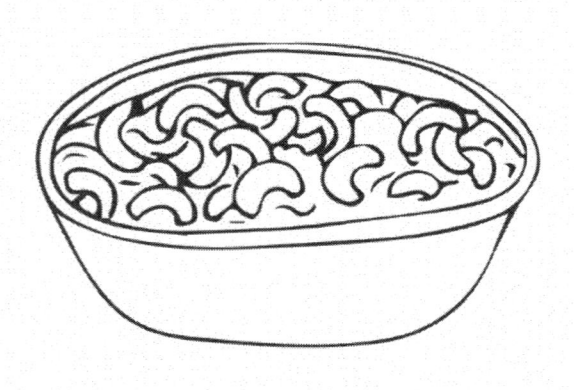

Z	F	O	Y	K	F	J	B	R	B	V	S	D	B	H
E	R	U	V	L	E	S	W	L	L	Y	V	X	S	G
U	E	C	A	U	G	D	Q	Q	O	E	E	I	P	R
X	G	O	R	X	A	Y	U	B	J	N	F	C	O	E
Z	J	R	G	Q	B	O	G	O	J	D	V	I	R	E
H	K	N	D	A	B	M	C	R	E	V	S	M	K	N
Z	B	B	N	T	A	U	N	I	E	K	B	Y	C	B
M	W	R	A	T	C	L	R	C	C	E	B	L	H	E
G	S	E	E	I	L	F	F	O	H	H	N	T	O	A
G	O	A	C	T	R	U	H	Y	F	I	U	S	P	N
B	C	D	I	J	Z	M	V	J	B	V	C	X	S	S
X	Q	T	R	Y	A	Y	L	E	D	C	Q	K	P	F
R	G	U	M	H	V	J	K	I	U	M	Q	G	E	W
N	C	W	D	W	I	C	J	B	A	A	Z	L	S	N
H	P	O	J	M	A	C	N	C	H	E	E	S	E	P

WORD BANK

PORK CHOPS   CHICKEN
GREENS   CABBAGE
FRIED FISH   HAM HOCKS
CORNBREAD   RICE AND GRAVY
MAC-N-CHEESE   GREEN BEANS

70'S R&B GROUPS

S	V	H	V	W	N	Q	N	Q	J	I	H	V	P	P
S	Y	D	E	L	F	O	N	I	C	S	U	P	K	E
R	I	Y	S	F	L	J	O	I	F	J	F	P	Q	V
E	D	S	T	U	H	O	X	I	D	D	V	J	G	I
Y	S	T	L	C	Z	K	T	K	Q	E	S	K	R	F
A	O	A	E	E	H	Z	C	A	W	E	L	D	S	N
L	I	J	P	M	Y	I	A	E	M	X	D	L	K	O
P	D	S	A	C	P	B	L	E	Y	H	V	H	S	S
O	B	P	S	Y	Q	T	R	I	N	T	Q	P	Q	K
I	Z	I	Z	I	S	P	A	O	T	U	F	N	Y	C
H	X	N	B	K	U	B	T	T	T	E	K	P	O	A
O	G	N	L	S	P	Z	P	J	I	H	S	Z	E	J
W	R	E	H	X	R	O	F	O	A	O	E	K	C	Q
M	Z	R	N	O	B	J	C	P	N	R	N	R	I	U
Z	Q	S	Z	H	D	N	T	L	E	I	M	S	S	T

WORD BANK

ISLEY BROTHERS
JACKSON FIVE
OHIO PLAYERS
CHI-LITES
TEMPTATIONS
O'JAYS
SPINNERS
SUPREMES
DELFONICS
DELLS

The O'jays

MELANIN HUES

```
C H E S T N U T T G W G P W O
Q V Z Q O I C H J T Y C D S B
Z R N Y P U H Y F Y I G S S T
Q K O R H Z O G E L F E D A P
T C R O X N C N U K R L M X O
Q D B V M R O M W P K I Z M W
M I L I R H L E S K R B C F P
Q S H M U A E D G O L D E N
C J T R V W T J N D S Q N T R
R A B A P U E F O W E T Q S V
N I R W O X N E M A B A G I Z
K N F A Q F J V L O L L S G Z
Z E Y V M W L X A K I I K D F
K C L L K E M N F Z G F P S V
Q F P I Z L L O B T E V W S C
```

WORD BANK

HONEY
ALMOND
CARAMEL
ROSE BLIGE
CHOCOLATE

GOLDEN
ESPRESSO
CHESTNUT
BRONZE
WARM IVORY

UMAJAA

T	T	S	N	C	O	E	N	G	I	M	Q	M	V	M
H	O	R	W	X	O	L	C	A	U	G	C	S	C	T
Q	I	A	P	W	C	O	E	O	X	T	G	O	R	R
Q	M	L	V	G	R	G	P	V	N	X	M	O	I	F
B	F	L	O	I	W	E	Y	E	X	O	P	Y	X	N
R	I	O	P	Y	G	B	T	P	R	P	M	J	G	K
T	Q	D	P	C	Z	D	I	Z	U	A	Z	I	R	X
G	G	K	B	N	W	Z	N	S	U	G	T	R	C	V
S	H	C	F	E	J	W	U	V	O	O	H	I	X	S
T	Z	A	K	R	P	K	M	X	F	L	N	F	V	D
Y	C	L	B	R	L	O	M	E	L	C	U	J	N	E
G	U	B	B	U	X	Z	O	N	L	I	Y	R	L	Q
T	U	T	X	C	M	Q	C	D	W	Z	U	Y	B	P
K	S	M	A	L	L	B	U	S	I	N	E	S	S	F
O	U	J	W	P	E	W	F	T	B	K	P	Q	X	A

WORD BANK

CURRENCY
COMMUNITY
SUPPORT
SMALL BUSINESS

BLACK DOLLARS
COIN
ECONOMICS
COOPERATIVE

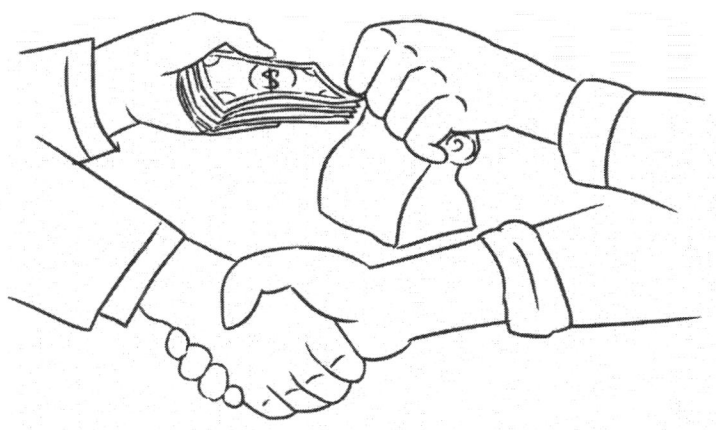

SKINCARE

```
J B F L O R U K R U Q V R F L
O R L B K R N Q Q D W E V I L
J E V A Z H W V K Z Z O O Q R
O N R Y C N S T Q I T O T T E
B L B R E K R U R F D R Q F T
A I Q X E S S U N A J N V B T
O O V B Z X T O C B O E U R U
I T I U W S F O A P L R C G B
L U T I I O V O G P C O B Q A
W N A O D A A R L S X E C V O
J O M I O X M T R I D O C K C
U C I Y Q J X A D U A O C Z O
H O N H O J G E B E U N S Z C
V C E E D U Y Y O T W G T J C
J O X S S M E I Z N U R R V A
```

WORD BANK

COCOA BUTTER   COCONUT OIL
VITAMIN E   JOJOBA OIL
AVOCADO OIL   SUNBLOCK
SUGAR SCRUB   EXFOLIANT
MOISTURIZER   BLACK SOAP

TV SHOWS

```
T P F T O E A I R L H X J D M
F H B M I G Q I E G J C N L F
D K E P M E Y B W M K E W R A
Z O M C E U J D O X V G T O M
X A C K O Y W M P A E R X W I
X A J M E S A M R D E Q A T L
Y J D D C N B O R B A Y Q N Y
X X Q U I S S Y L K S T S E M
O E W T X S T A S U W M M R A
Y Y R D T J T U N H V H O E T
A A V A R A Q K F I O I I F T
M D H I F D Q R O F G W T F E
B T F I L E X R D A I X W I R
B L A C K I S H L K D N C D S
S I S T E R S I S T E R S A O
```

WORD BANK

FAMILY MATTERS
THE COSBY SHOW
THAT'S SO RAVEN
BLACKISH
DOC MCSTUFFINS
A DIFFERENT WORLD
SISTER SISTER
POWER
FAT ALBERT
MARTIN

EGYPT

```
C H X L M G A R R T V J F A E
W H Y O V O E F J S Y I J S I
Z Y A S W L C K P Y D D Z D M
J O O B D D Q Y V A E Y E I J
F F E V N C K N A J M H B M G
N E F E R T I T I N C T H A K
P B R C H J D N F I P H C R T
N H F T H A G Y R Y W C F Y D
N G A I I O B N G K P U L P T
P M Z R F L E E Y E S H K U B
P H K N A N E H L N Z O T Y R
S E F I H O L S D X V G O X V
C H J L S A H I O K N B T Y T
S W S E A S Y F J I C V Y X Q
E G N Y X U Q H K T L H C N X
```

WORD BANK

NILE
GOLD
PHARAOH
FERTILE SOIL
FISH

PYRAMIDS
NEFERTITI
EGYPT
ENRICHED
KING TUT

70'S R&B SINGERS

N	W	J	X	Y	M	W	U	E	P	U	H	Q	G	N
C	R	Y	A	S	L	Y	S	T	O	N	E	P	I	O
S	O	F	V	M	B	F	K	C	S	U	B	L	N	S
T	N	H	V	D	E	B	J	J	D	A	K	E	K	K
E	Y	L	A	W	N	S	C	V	M	S	N	L	R	C	C
V	A	K	B	W	T	W	B	F	A	L	C	E	A	A
I	G	S	L	F	S	G	K	R	E	X	G	M	L	J
E	A	B	D	K	S	V	F	B	O	N	Y	M	F	L
W	I	C	U	G	C	A	A	D	E	W	S	U	A	E
O	R	Y	W	B	H	L	G	E	L	S	N	S	T	A
N	O	O	P	T	I	S	R	Y	R	Y	R	A	R	H
D	L	A	E	T	Q	G	N	E	D	K	R	N	E	C
E	G	R	T	G	L	B	W	P	P	R	A	N	B	I
R	A	A	N	A	R	E	U	U	E	L	B	O	O	M
P	P	I	N	X	W	G	T	V	A	C	U	D	R	D

WORD BANK

MICHAEL JACKSON
JAMES BROWN
ARETHA FRANKLIN
STEVIE WONDER
GLORIA GAYNOR
PATTI LABELLE
AL GREEN
DONNA SUMMER
SLY STONE
ROBERTA FLACK

Michael Jackson

CAREERS

```
Z T G F P W U H I S D S T H F
M T N G X T T C Y M P S N N O
F C C H E F E V D Q A I A R Q
E P Y J V W R B P B C I T V S
D N R B V M G S C B C O L L R
A O G G E Z Y V S I K T U P H
U L M I A R K F T Z C Y S H S
T O Y Q N O S A K E A X N Y T
H B H H W E M E T M P E O S I
O B E N T E E I C L L Y C I L
R T V J H B H R M U P G Z C H
R Z K T R C U K P S R N Q I H
Y G A S R X V K P S Q I J A L
I M X A M A N A G E R T T N T
Y E N T R E P R E N E U R Y O
```

WORD BANK

ENGINEER
CHEF
AUTHOR
MANAGER
CYBERSECURITY

MATHEMATICIAN
ENTREPRENEUR
PHYSICIAN
CONSULTANT
ARCHITECT

CLASSIC MOVIES

```
L H Q G A S H T L L S K M P N
R I B I B T B E S E K G H X Q
O G F F L A W M Y Y I D X B M
S U O E A E K N O E A Q S Q R
S D E G C B O O B I F J X P L
E M V A K T X N D V E L Q H Q
F G H D P R R A A O G Y D F V
O D S Y A A K E B N O U K R B
R W E E N E V L F R I D A Y M
P I D Y T H O A Z T N D K T G
Y S D E H E S O U L F O O D P
T K E H E V T B U S M A Z E P
T C K Z R I O C R O O K L Y N
U J P Z W F X Y M X V P C O H
N K H O U S E P A R T Y M I R
```

WORD BANK

LIFE
SOUL FOOD
LEAN ON ME
HOUSE PARTY
FRIDAY

FIVE HEARTBEATS
BLACK PANTHER
CROOKLYN
BAD BOYS
NUTTY PROFESSOR

TRACK STARS

```
H T O M M I E S M I T H P R I
S U V T D E S Y A N W U E L N
M N S I Z K C A R L L E W I S
D A M A O L N D H G S A F K Q
O Z A N I Z J S V R Y M S Y Q
J I P M W N D B E V G Y O R Z
O A I N E B B K C N Z Y L O U
L X M F T B J O Y P N S R L X
F W D V I E I K L N G H A Y Y
A F N V I J B N F T A A C A L
A O D K T X V R E D Y C N T W
A H C O K Q C Q M Y X A H N N
O A C R P X O W A J R R O H J
J E S S E O W E N S G R J O G
N J L L P E O G H D M I E J J
```

Usain Bolt

WORD BANK

JESSE OWENS   CARL LEWIS
FLO JO   USAIN BOLT
MAAME BINEY   TOMMIE SMITH
JACKIE J KERSEE JOHN CARLOS
JOHN TAYLOR   SHA'CARRI

FREEDOM FIGHTERS

12

```
N G W P L Q R F Y X E M F D U
O Q T S C L V P K Z I I P Y U
T O U S S A I N T N E C S Y S
S H N L A M A N D A B S S H T
G U F Y L T L O H P A R S T I
N J S G B W A H E K D P L O J
A Y Y F Y P M V O O L F Q R G
L E S F L R A C O E P J E O J
D N F B D X K G U G S N I D G
J T E N I I R N S L R H T I W
D I F N E U H Y W U A U D R E
Z H P G H K E R O W C F X R Q
W W I T M V I J G M H T Y I F
F Z E E A L O M S V E U Q G A
U K Y G E S J F A Y R V N V E
```

WORD BANK

Thurgood Marshall

TOUSSAINT
SOJOURNER
DOROTHY
KAMALA
AUDRE

THURGOOD
LANGSTON
WHITNEY
NEKIMA
AMANDA

USES FOR THE PEANUT
Discovered by George W. Carver

```
W V B L G L V R D D H F J L X
L E Q N W U Z Q S S W A P A R
Q Y A A G K S E E C C E O H
N H X A J K K N G L O E D C O
K J L Q P Z I A L R O C I R U
K D E I T C T E F U K R C A A
V W G C I V U K M V I E I H Q
H P R D O L H X Q Y N A T C Q
F Q E K G S P N N C G M C G Z
G M A A U G M Z C Z O S E R H
S C S W Y G A E F Z I S S V C
D O E T Q K L V T J L R N H Z
F S A Q G G B S D I Z R I Y H
R U T P R P X E N G C Y F M S
K X P D Z A P A I N T S I Z P
```

WORD BANK

SOAP
AXLE GREASE
CHARCOAL
COSMETICS
INSECTICIDE

FACE CREAMS
MEDICINES
PAINT
COOKING OIL
GLUE

FEELINGS

14

H	X	M	P	L	Y	U	P	I	N	L	M	A	M	A
R	L	J	K	X	Q	E	J	S	E	L	I	L	K	E
O	C	S	S	T	A	D	R	P	G	T	S	X	C	Y
P	K	L	M	H	Y	Q	X	X	N	B	U	V	O	F
T	Y	Y	P	Q	Y	C	H	E	M	S	N	V	N	N
S	U	D	G	K	M	F	D	P	K	X	D	T	T	B
U	H	U	U	I	B	I	X	K	N	D	E	M	E	Y
O	Z	Q	K	C	F	H	D	B	L	O	R	K	N	V
I	D	Z	X	N	S	E	M	T	O	Z	S	T	T	Q
R	C	B	O	G	S	H	Y	B	K	J	T	B	E	D
U	C	C	Q	U	S	A	D	Q	X	F	O	O	Q	H
C	X	J	F	W	X	P	G	E	P	U	O	S	A	D
J	K	N	H	M	C	P	D	A	V	D	D	W	J	Z
R	O	V	A	Y	K	Y	W	T	L	O	N	E	L	Y
C	P	G	A	N	G	R	Y	X	K	G	T	V	T	A

WORD BANK

CONFUSED
MISUNDERSTOOD
CURIOUS
LONELY
CONFIDENT

HAPPY
SAD
ANGRY
SHY
CONTENT

AFRICAN EMPIRES

15

```
Q L E L L Z G J G N B M U C Q
A I S B K W Q Z B J Z J J E E
E U G C K X E W Y M L V L U H
R T I R Q U W P X O S C W K Y
I T I J E A S P P D T I R Y M
P L Q E R A M H J G B O B G M
M A G G I Y T A K N H E N E M
E N G A P R Z Z E I N R B C K
I D B H M V W V I K N R H I T
A O E T E D U O I M I G X N Z
H F Z R I N T S S U B N D T V
G P J A L P Y W D S N A J O H
N U P C A A Z L F K U J B E M
O N E D M J U N S A Q S A W R
S T K I W A E B Y J L F G H E
```

Mansa Musa

WORD BANK

KUSH KINGDOM   LAND OF PUNT
CARTHAGE   AKSUM KINGDOM
SONGHAI EMPIRE GREAT ZIMBABWE
MALI EMPIRE

VEGETABLES

16

```
G C P W S O Q U H M W S Y C S
S K R G R A B S Q D Q B F O S
H Z X E T M U B G C A U S L E
S P M M A C T T K J B N Y L O
U S J H U M T F M N A F Q A T
C D O N K B E V M E T A Z R A
C H L C O Z R D B Q I G A D T
O E C B U U B N C L A N E G O
T M O P G W E M B O W K I R P
A F Z O P E A A K I R Y T E D
S V R N R Q N X C J H N G E E
H V B G U O S D M N X X C N H
B L A C K E Y E D P E A S S S
E O N P E A S H N Y R E Q F A
E M U S T A R D G R E E N S M
```

WORD BANK

BUTTER BEANS
COLLARD GREENS
PEAS
GREEN BEANS
MASHED POTATOES

BLACK EYED PEAS
CREAMED CORN
MUSTARD GREENS
SUCCOTASH

CARIBBEAN ISLANDS

```
W L L A W I Z R T T L Z T D C
J V O O R K S X M B G F O F B
U A Z P B G A A H A D L K H N
Q B F T D B M C C R Z F I P W
D U Y E W U A I W B V A M T T
E R E B R F H A A A G A L O C
V A X G A P A M J D M H N W T
Q I U B Y R B A P O S T O T A
S S M D M V B J C S Y R B C C
I O A S N I A U K H M I I R Z
G V B N A A Q R D F O N A J F
G R E N A D A T F A I I B L W
A N T I G U A M L M U D U S U
Z N O T S B T V O I F A S N C
M X C B Q O O D Z D F D L W I
```

WORD BANK

JAMAICA
EXUMA
ARUBA
BARBUDA
GRENADA

BAHAMAS
BARBADOS
ANTIGUA
TRINIDAD
DOMINICA

COOKOUT

18

```
P H O T D O G S F S F F F Y N
P O B I Q G M B I O B R J A B
O R T A K I K T X R N U L J N
R C C A R N X P P H B I C R N
K F O W T B D T S R U T V O A
N W R L C O E C E U K S M V N
B E J I D O S C Y D J A N K U
E K Z X O D O A U W D L L G A
A O A M P G R K L E T A S Q H
N M C Q I R Y I O A Z D R I B
S S X I B I A J N U D B P P S
N A O I Z L G E M K T W H R G
L M C C X L B B P Y S I F T J
M H A O R I B S C X M Q L Y A
R C G D W U B D O Q G F G J Z
```

WORD BANK

SMOKE
POTATO SALAD
PORK-N-BEANS
COLD DRINKS
BARBECUE

GRILL
COOKOUT
HOT DOGS
FRUIT SALAD
RIBS

AFRICAN COUNTRIES

```
A Z P X Q H S R I A D B V N B
U N S B Q N F A I Z G Z T O A
C U K N V O I B Q L O R B C T
R V C K P R I N W Q G C N K A
L W R R E M E T H I O P I A N
W K A G A U Y V K E E Q A C Z
R Y L N R D X C W E S K N O A
I A U A D C M B U S E R A J N
R F Z Y C A A Z B W O B W M I
Q T J S L B L M W N U O S R A
E G Y Q M O A Y E V F C T X C
M I Z I V P W X J R L R O V H
P U Z O W M I E W R O G B B V
M O Z A M B I Q U E J O R C Z
A X X H G O L T N T H Q N S M
```

WORD BANK

ZIMBABWE
MOZAMBIQUE
RWANDA
CAMEROON
ETHIOPIA

TANZANIA
ALGERIA
BOTSWANA
NAMIBIA
MALAWI

HAMBURGER BAR

20

```
X T P N H J S O X Y G W C P E
B U Q H G Z G G R I L L J C K
U N U R C X O K E D Q M C O K
A O A C Z R R Z F K Z G Q N Y
O M L P U P D F S B E Q Y D D
H A M B U R G E R S T T S I S
J P G S G J Y Q E N T R V M E
L J N K B A T E O A D E O E S
Q H E U G K H C P Q P O V N E
W L K Z F C A E C S R I R T E
O V U L E B I N N H C C Y S H
G D F U Q G K O S Q N J B V C
D K L L G I I U P U M G U J Y
G B D E E N M T T L G F N N S
V L V V O M E K G A I D S A H
```

WORD BANK

BUNS
BLUE CHEESE
BACON
GRILL
MUSHROOMS

VEGGIE PATTY
CHEESE
CONDIMENTS
HAMBURGER
ONIONS

JEWELRY

21

```
A W Y K D Q C H A I N F E I J
R P P V F X E I R I X F Z F L
S Q T V B I X M W P W R Q L I
U O E Q Z Q P P L J N I G E S
N U L O Z V M A P W K W J A L
O J E N R A X Y S O A A P R U
S N C B E L L Y C H A I N R L
E C A N J C U Z V H R S X I T
R A R R T M K S W V B T D N O
I N B G A H Z L E A U B A G E
N K N J T F P F A A C E S S R
G L G X V W P W U C T A G E I
F E U G V O C O I U E D E J N
Q T X N R T R N O E H S W P G
G O L D G R I L L H N J L W O
```

WORD BANK

CHAIN
EARRINGS
WAISTBEADS
ANKLET
BELLYCHAIN

GOLD GRILL
NECKLACE
NOSE RING
BRACELET
TOE RING

80'S R&B GROUPS

```
N P R A O Q W S Z W L C S P V
I Z R K D T N Y N M D Z V O E
W L A H B C F E G F Q O G I N
F J T P L I C M C V N Y Y N O
K X S O D C D D A I Y S D T T
G Q C V F H U D M I S I M E I
P X I A T G L Y E G E W J R N
A Y T P O A A Z O E Z C A S O
T Y N W L X C P M J A X E I T
K E A R R J H U B C M M I S Y
Z X L V S G T D Z A I O T T N
O S T N W M Z W F T N X V E O
G E A N D C D Q E Z H D A R T
U H J T N J L H I R K V M S W
Y Z T C I Z T E N V O G U E A
```

WORD BANK

- GAP BAND
- TONY TONI TONE
- MTUME
- GUY
- THE TIME
- CAMEO
- ATLANTIC STARR
- MAZE
- EN VOGUE
- POINTER SISTERS

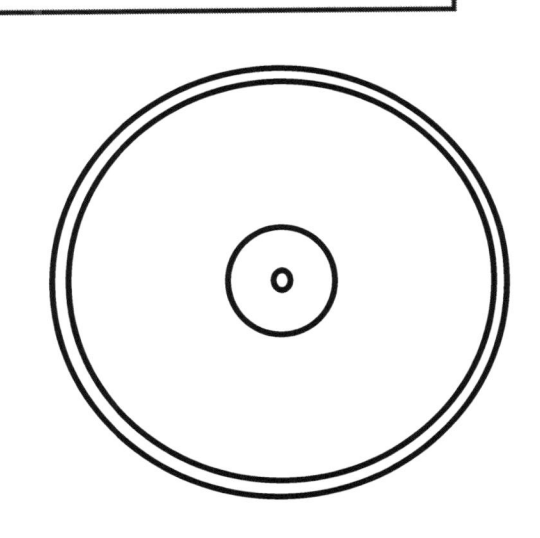

REGAL FIRST NAMES

23

```
Z F H F U C J J V R E W X S R
I O I P W Y Q L D N U Z Q E S
E P P K V F C H O U Y L T G L
S H L J C N W V A C L S F Z T
B A R I A O L S X O I S T A T
S R E K N U U M C M V I S I R
S A G D G E Y N L Q U E E N J
E O A B G K J C T A C F Q Y K
C H L I L T Q C S E B O J T A
N G A W R Y T S C Z S Y O S E
I T L B I G E J S Y B S W E P
R E P P A T T P I G Y A W J Y
P G G A N R K I N G W I J A J
I Z T O O P J W T V G G A M M
E F C H L B K G W K T Z I M K
```

WORD BANK

KING
MISTER
QUEEN
CONTESSA
MAJESTY

SIR
PHARAOH
PRINCESS
COUNTESS
REGAL

JUNETEENTH

24

Y	H	V	G	P	W	A	J	T	E	E	N	T	T	R
A	X	I	C	O	O	F	K	Y	A	X	W	R	X	X
B	F	Q	F	X	L	A	O	I	K	X	Q	E	Q	D
N	J	L	V	C	L	I	N	Y	V	W	N	D	C	B
O	J	P	L	Y	E	D	Z	A	H	P	D	Y	N	L
T	Q	H	H	Y	Y	J	L	A	D	B	G	O	A	A
S	S	E	S	O	L	X	G	R	I	V	I	B	P	C
E	F	R	F	M	L	K	R	P	C	T	E	L	F	K
V	L	R	Q	U	E	I	T	U	A	R	U	A	N	C
L	X	P	E	Y	C	V	D	R	Z	I	T	E	U	X
A	V	N	K	E	T	R	B	A	B	L	E	J	J	U
G	E	K	B	Y	D	E	B	H	Y	R	B	B	M	E
O	X	A	F	G	L	O	O	I	G	E	Z	F	B	Y
P	I	U	S	E	S	W	M	R	P	R	G	L	Z	W
U	A	E	C	V	G	B	Z	K	I	B	J	P	U	T

WORD BANK

FREEDOM
HOLIDAY
BLACK
GREEN

CELEBRATION
RED
YELLOW
GALVESTON BAY

THANKSGIVING

```
V R C A T O J U I U A C W G E
I T G R A T E F U L R S N X C
H R Y Z Z D C Y D K E I V G B
D Y L S B E P O G I S S K O E
L P S Y W Q T J R S I K O S D
C T B F E E Q R E N K X Z K F
C O N M W M E R F I B S K M W
J P K Y A B D T G F J R C R A
I H O B N C Q M P D Z W E M P
T A I A R I A V A O E Y X A X
I N R L T I S R O B T G F U D
S C H I L B S J O O Y A M S B
K H E K A D J K T N S I T Y H
Z U N I K V M Q E U I A Y O Y
V G G K D K A O J T A N Z L N
```

WORD BANK

DRESSING
CRANBERRIES
MACARONI
BRISKET
TRYPTOPHAN

CORNBREAD
GRATEFUL
YAMS
ITIS
SWEET POTATO

HEADWEAR

```
D F S K U L L Y Y Q U J T F N
V M B S G I L N J I D A Y C W
M F O K A N G O L E H T W F D
K Y N H Y V O F D R V E Z X D
R A N G T Z I A E S O D J B W
A T E A D Q V K N F G N C F Q
U Z T R R O C K W R A P N T A
D G R U D U C J R X W I C D L
U F X D R A M H W E X S Q F U
D P Q T B Y V X A D T F E J D
Q G Z P F A Q Y F T A C I E H
H E A D S C A R F I F Q T B X
W N M E I H K R F W D T P R C
S D C B H S W P N U I M I G F
I P Q E U B J Z M F L N X Z G
```

WORD BANK

BONNET
HEADSCARF
KANGOL
TRUCKER HAT
SNAPBACK

HAT
SKULLY
WRAP
FITTED
DURAG

HAPPINESS

27

```
C W X Y J F V J B H Z K F Z T
C O E D H O Z P N B R Y F F T
I D J L W H C V B W R S E G N
T E T E R F O H S R D S G T E
S Z X C H M V S E D W I I I M
A D S S C T J M W E C L I R E
I C A T C D O U N T R B Q C T
S H E A R A Y A A H F F I W I
U V E T H L F D N G W T U R C
H N L I Y G U J U I M L I L X
T J G C V P L C P L C M O R E
N G X P N G J E V E W O P X R
E M K X P T V F V D I M Y G M
D Y L Z V A D K J S D E A M C
Z T R R Q Q U A J I O W Q W D
```

WORD BANK

ECSTATIC
ENTHUSIASTIC
CHEERFUL
DELIGHTED
MERRY

GLEE
GLAD
BLISS
JOYFUL
EXCITEMENT

CREOLE DINNER

28

G	C	A	J	U	N	S	H	R	I	M	P	U	E	O
E	L	X	G	M	G	S	H	C	V	X	W	C	C	B
D	J	C	W	U	O	D	B	D	G	I	D	R	D
A	A	H	A	O	H	P	M	M	X	R	L	C	S	L
L	M	I	Y	E	W	G	N	B	N	H	E	E	I	V
U	B	C	S	G	W	D	Q	S	O	C	E	O	B	K
O	A	K	L	A	N	Y	N	C	I	L	B	S	I	F
M	L	E	M	M	P	A	L	R	L	P	B	R	J	A
E	A	N	R	K	E	A	Y	I	M	S	L	E	O	J
R	Y	C	T	B	F	T	U	I	Q	R	D	M	H	U
N	A	R	D	R	R	O	R	C	N	U	Q	B	I	C
U	Y	E	G	I	D	H	D	D	Q	A	F	Q	S	Q
J	R	O	D	N	S	V	G	O	D	X	N	U	B	E
A	D	L	A	P	L	H	C	V	J	L	O	K	O	X
C	O	E	S	H	R	I	M	P	P	O	B	O	Y	S

WORD BANK

GUMBO
DIRTY RICE
ANDOUILLE
SHRIMP BOIL
JAMBALAYA
CAJUN REMOULADE
CAJUN SHRIMP
CHICKEN CREOLE
RED BEANS-N-RICE
SHRIMP PO'BOYS

CIVIL RIGHTS MOVEMENT

K	B	O	I	L	L	V	G	H	J	B	A	G	T	N
X	E	M	P	O	W	E	R	M	E	N	T	L	X	I
M	W	R	M	K	T	P	R	Y	D	T	W	X	L	T
L	W	T	S	R	H	R	S	B	J	B	K	M	A	I
O	I	S	S	S	X	I	U	X	W	W	F	U	D	S
C	T	E	B	V	D	B	Z	I	H	S	W	D	S	Z
L	J	T	G	Y	R	G	U	I	O	A	G	R	L	W
A	P	O	N	T	N	D	U	E	U	N	E	F	Q	S
M	U	R	T	I	L	E	A	N	I	T	I	R	I	S
D	Z	P	Q	L	J	W	K	K	H	P	Z	E	H	E
H	Y	W	K	A	U	G	R	G	X	H	X	E	Y	H
Q	V	M	Q	U	V	D	I	U	P	I	H	D	U	C
R	R	C	C	Q	Y	F	B	C	Z	Q	R	O	R	R
T	B	G	G	E	A	P	H	K	M	S	A	M	K	A
K	P	U	R	E	L	L	A	B	A	K	E	R	C	M

Ella Baker

WORD BANK

FREEDOM
MARCHES
PROTEST
MALCOLM X
EMPOWERMENT

FIGHTERS
SIT IN
DR. KING
ELLA BAKER
EQUALITY

GRADUATION

30

```
D Q M A T R I C U L A T I O N
I N P I C T U R E S W A N S H
E L M Y C U N T R C W K W E E
D E G R E E H I M E T P O L T
V Y I O T A F W T L M W G O I
J Q W A W M N L S E N C D T W
H Z J W W O O M T B V W N S H
H V A B R L I B H R V N A S F
F E J G T P T I Q A Y C P X F
K A M W K I E P T T S U A C E
C P Z V R D L X W I Y C C Y K
A I I J T D P U W O W F D B S
O C M D D T M X D N P J T G L
R B R G H Q O N W C H I J G G
W D M B E Y C Y L H U H N H S
```

WORD BANK

CELEBRATION
DIPLOMA
STOLE
PICTURES

DEGREE
CAP AND GOWN
MATRICULATION
COMPLETION

AFRICAN ANIMALS

```
D V R J A W M D Z R N Q T W H
G W E A A R D V A R K O N C B
H E M Z K I N V B L G K I Q S
A A R D B F A S V T R R D Y U
C F R E B O D S K E T J R G M
H B K T N B N F S S G S U O A
I E U M E U Y O O B G S U L T
M N D S F B K W B R Y V W L O
P I B K H M E C Y O S A L J P
A P V I G B R E B U F F A L O
N U Y H T X U V S D X A Q K P
Z C E X P J W C T T T R T U P
E R W D O H Y A K I T F R O I
E O I Q A I J N R I F H C V H
S P H X S K G L I B W S S A A
```

WORD BANK

AARDVARK
BONOBO
CHIMPANZEE
OSTRICH
HIPPOPOTAMUS

BUFFALO
BUSHBUCK
GERENUK
PORCUPINE
HARTEBEEST

JAMAICAN DINNER

32

```
G L M T O N F I S H T E A L X
E R R I C E A N D P E A S K U
F I S H E S C O V I T C H W G
H I N N J K V M B W P Z N B S
J H I T E V Y G X O P V Y P C
N S A A R U S C Z X A A A A L
R I T O K U P Q I V A T U V U
K F N G C E N G J L F L T W P
P T A Y H D F D I I I Y Z U E
A L L R I Y G S O A J L O J G
Q A P R C H O X T W L S D N O
V S O U K V B X M R N W N V G
A X R C E B O N Z R G J F I K
P T H J N D Q Y O J K F B E R
P I U Q B R V C U U S U Z Z G
```

WORD BANK

SALTFISH
OXTAIL
FISH ESCOVITCH
FISH TEA
RICE AND PEAS

JERK CHICKEN
CURRY GOAT
RUN DOWN
CORN SOUP
PLANTAINS

USES FOR THE SWEET POTATO
Discovered by George W. Carver

33

```
U A L G V T U K D P I L J B S
W Z S H O E B L A C K I N G Y
W B Q L N R U B B E R D Z O N
R I B G W I R G G M B C Z E T
L S H W S O I N N M M D D N H
L Q O I Z K O P B E C Z D Q E
Z U T O F D Q D N L M W B F T
C E S T C T D I F J B A G H I
A P K S H V C R T I M M E G C
Z O V H U I P G D X L P U W G
R W L D D V U U S D P L E F I
E D V E C F Q B K I B V E Y N
P E M S U G A R O A L F S R G
A R R U Z U I F D K D K O X E
P L F N Z U P I G M E N T J R
```

WORD BANK

PIGMENT
MEDICINE
PAPER
SHOE BLACKING
BISQUE POWDER

SUGAR
SILK
RUBBER
SYNTHETIC GINGER
WOOD FILLER

BIRTHDAY

34

```
S I G M V Y H W C E D U D C M
K D G T D N N Z W C Y I R E M
S O B R I E Y R E I P R K G A
T O O T M J C C A E D A I E B
E F G C O J W O O N C F H A O
V U A X W W F P R Y A X W E D
I R M R W P G E A A Z E S M H
E K E M P J U D U J T I U M X
W T S D E C H G L M R I U I Z
O H N A Z T N B N P O N O L X
N E T D R I A B R I V X J N C
D M I I G G E U S I Q K D C S
E E B N I D S P L X Z L C C C
R S I C E L E B R A T I O N T
R S P G G R A T I T U D E Q Y
```

WORD BANK

- CELEBRATION
- BIRTHDAY CAKE
- GRATITUDE
- DECORATIONS
- STEVIE WONDER
- GAMES
- THEMES
- FOOD
- SURPRISE
- SINGING

SONGWRITING

```
B R X S K W P M V Y D W V J Q
V B A C K G R O U N D J Z H I
J E O N F Q C S I N G E R S G
F S R Z P D E D S R L P H H B
G F L S Q X S F R O E O J K P
M H C H E Q R I B K A R B H F
F E U U X W E V M W D X A S P
R K L K Q V V K E F M S S D X
C L B O L L T R G V Y U E R P
L N J V D S S F D P C R L O L
R L V J B Y R O I U I O I H V
P I Q N W Y I M R G N H N C G
K A I I V F F N B I T C E J F
V H H Y I E H L G V R N X S I
B A K P N M P R P Q N D B Z C
```

WORD BANK

CHORUS
FIRST VERSE
MELODY
SINGERS
VERSE

BRIDGE
CHORDS
BASELINE
LEAD
BACKGROUND

80'S R&B SINGERS

```
S H R C Z D P Z B F W I N G C
G Q K D L I R O A W H J G W H
W L Y V I A I K R S I A C H A
O K I O O N N W R E T N V N K
E G X C N A C S Y D N E Y K A
H I N V E R E N W A E T Y M K
G L Q T L O H C H S Y J A G H
X O K B R S O J I Y H A E Q A
X F M M I S W J T G O C T G N
L A K G C L L E Z U K Q U R
V U C N H J H K Y Z S S V V Q
D L T K I U E Z W V T O E R X
T X P H E M M T H M O N V O Y
R Z L L E M A R V I N G A Y E
Z Y S Q M R M R Q B X N M N D
```

WORD BANK

WHITNEY HOUSTON
DIANA ROSS
CHAKA KHAN
MARVIN GAYE
LUTHER

PRINCE
BARRY WHITE
SADE
LIONEL RICHIE
JANET JACKSON

Whitney Houston

CHRISTMAS

```
K O P P G R G M Q U R N N M
F P Q K I D D E X O B Y O H U
R B K S V F I L I E E W S T N
A F M V I F N V R R D C X D N
N L A V N E A U A B G S V V G
N B L E G S T C W I S E M E N
Q W C N Y P H I N M Y M I N D
W V M L I A P M A P O H Z T G
A E O R I U M Y U V R B Y G D
N H C R M A Y L W D X A A M N
H S A Y R J U I R B D J Y P Z
U M L G T L A M T W D F H E T
R R O N R F A A H Q W M D C R
I R Y F R X Q F F D M N J B B
P T E M P T A T I O N S Q O N
```

WORD BANK

HOLY SAVIOR
SCRIPTURE
FAMILY
MARIAH CAREY
TEMPTATIONS

WISE MEN
PRAYER
GIVING
PROGRAM
IN MY MIND

90'S R&B SINGERS

```
G L O U L E D N P Z Y U A W U
A I A M E R M O N I C A P T J
Y S P U P D G B Z Z F L N Y T
R F C B R A N D I A D R O Q G
I I R F E E R B I P E R T N K
Q O E G A K N G P H K P X I B
R Z G R G I H H S A M Q A O Q
S G G I Y S T U I X Y T R K Y
S U I I N K U H A L D R B O H
P F J C J U A P E P L S I V Z
A M A R Y J W H E V X W N A Z
X I G I I V Q I B Z A Y O K U
N F Q Y M A I W N A E N T U X
A H H U H A N Y W E D X S G F
E K E I T H S W E A T U F C O
```

WORD BANK

USHER
LAUREN HILL
MONICA
GINUWINE
KEITH SWEAT
FAITH EVANS
BRANDI
ERYKAH BADU
TONI BRAXTON
MARY J.

Mary J. Blige

FRUIT

V	D	S	T	A	R	F	R	U	I	T	D	B	L	Y
V	G	M	D	X	Q	L	I	S	F	G	U	R	N	R
C	S	U	W	R	S	S	Y	B	M	A	N	O	A	E
O	I	S	G	N	I	T	R	B	Z	U	L	O	B	P
C	K	C	O	V	G	V	R	G	K	E	C	W	G	E
O	V	A	J	Y	E	K	E	A	M	I	B	Y	P	R
N	G	D	A	K	T	S	B	R	W	Q	A	U	F	X
U	W	I	J	I	S	I	E	Q	Z	B	O	A	J	Q
T	E	N	E	L	F	T	U	K	O	L	E	S	G	E
U	D	E	H	E	A	D	L	D	A	I	T	R	Y	H
M	Y	X	T	W	A	E	B	T	H	W	C	V	R	D
Y	E	Y	C	P	Q	G	N	N	T	J	C	K	V	Y
O	N	U	V	S	A	A	N	Z	Z	Q	S	V	N	B
A	O	R	W	L	C	N	H	H	Y	M	K	P	Y	S
H	H	F	F	B	W	Y	Z	D	A	O	L	T	H	C

WORD BANK

CANTALOUPE   HONEYDEW
STRAWBERRY   BLUEBERRY
MUSCADINE   WATERMELON
STARFRUIT   COCONUT

STATES WITH HBCU'S

```
W E S T V I R G I N I A N T G
K O K L A H O M A Y Z F W E K
S B K A M A R Y L A N D N N A
F A H P M N A B O U R A N N N
Q L Z G I A Z K S C G A H E I
M U V F S T R I M I N O D S L
I L C P S U G K H Q V Z J S O
S R U J I F F C A D E A Q E R
S V E P S H I Y B N D U X E A
O E U U S M N Y B O S N Z P C
U C Y F I W Z W G X J A N I H
R N Y K P C O N S C D Z S Y T
I S M N P U X L K C E O H R R
T J G H I O J Y C U H Q E Z O
S O U T H C A R O L I N A Z N
```

WORD BANK

WEST VIRGINIA
SOUTH CAROLINA
OKLAHOMA
MICHIGAN
MISSISSIPPI
NORTH CAROLINA
ARKANSAS
MISSOURI
MARYLAND
TENNESSEE

BASKETBALL

41

I	R	S	L	A	M	D	U	N	K	B	H	F	S	G
Q	T	E	H	L	E	B	R	O	N	J	A	M	E	S
V	R	V	B	W	W	W	V	C	U	T	D	S	V	S
W	I	J	R	O	V	V	X	S	T	O	K	W	W	O
U	P	W	Q	U	U	Z	R	U	T	R	O	G	K	P
F	L	J	E	C	E	N	O	Z	A	R	P	F	J	T
T	E	I	E	Q	G	E	D	P	H	G	H	E	C	L
J	D	G	J	R	M	N	S	T	A	Y	W	Z	D	T
Q	O	R	I	I	S	E	E	E	W	K	Y	G	Y	T
R	U	J	T	S	C	E	L	J	Q	O	H	P	O	G
K	B	L	O	A	R	W	Y	E	Y	X	V	K	S	O
L	L	Z	D	F	I	D	V	C	R	M	P	D	M	W
X	E	N	J	U	Q	I	E	T	U	C	F	I	F	G
H	A	M	P	M	D	V	U	E	O	X	O	X	F	T
C	F	X	O	P	M	X	U	D	X	O	S	J	O	V

WORD BANK

FREE THROW   EJECTED
TIME OUT   SLAM DUNK
LEBRON JAMES   MVP
CANDACE SPARKS   TRIPLE DOUBLE
JERSEY   REBOUND

HAITIAN DINNER

42

```
E Z Y T U R O T O D S S S Q Y
S V T B D F R P P N O F L P T
U M Q L J C S O S W F V S I T
G A B O R J E U Z U S M F K A
Q R R R G C C L P Y N M F L P
O V I B G X D E T A R I G I N
Y G I O A G T T M K T G U Z A
A Q L M T A U A N Z S E X U I
E L E Z P P A U H V P L O J T
R S B H I J O X M W F M T T I
B O U I L L O N S O U P C O A
G F Q Y Y W R O K O R Z H S H
D D I Y S B R I J N L I A S Z
G P A J X S O X V W W G K A L
B C U R V D H T X E B X A T H
```

WORD BANK

TCHAKA
BOUILLON SOUP
PIKLIZ
HAITIAN PATTY
LEGIM

GRIOT
JOUMOU
TASSOT
PÂTÉ PUFFS
POULET AUX NOIX

CHURCH

```
Y W S Z Z L V J A V T B Z R E
F G S C C H N P L P R A Y E R
H U M O Q V M R Z G P S L R P
C D N D L V N O P P Q Y O E E
E N F E J H W G S G Z Z O H P
E E B R R C Q R M R I S H E P
P R C A O A H A F T S M C A E
S E H C S O L M W E K S S R R
R V U H N H S S N Y K L Y S M
E E R K U K Q O J U G N A A I
T R C P W C C I U Y P K D L N
S J H P G A V K Q S A D N P T
A S H S E X E A D Z P C U T Q
E D A D A B R N B Y A V S M A
M V T U O Q E C E O J M F C X
```

WORD BANK

REVEREND
PRAYER
REHEARSAL
FUNERALS
CHURCH HAT

EASTER SPEECH
SUNDAY SCHOOL
PROGRAMS
DEACONESS
PEPPERMINT

REVOLUTIONARIES

```
H V Z B X W F M Q M S Z W D N
B D Q E D S P V E E E O P O U
D M R O R O A K G K G S M G N
M I C A Y R G D R D T I D N A
X K D J S D I U N H S A H J T
R X R T K R B O G H Y S C C T
M O K Y B A B I A X I X S U U
Z T S Y N N R F K W X X N Q R
F I B A A K E N E D I E T N N
G U R I P E N L C G P L B E E
R A L C T A N C H A N G E Y R
T U I A T H R T R E F O R M G
J D L U O N B K V F M F J S Z
W D N J R X B U S G L Y M G W
Y V H Z G Z D B R C N W V D A
```

WORD BANK

JULIAN BOND
LATEEFAH SIMON
REFORM
NAT TURNER
ROSA PARKS

JOHN LEWIS
CHANGE
RIGHTS
RUBY BRIDGES
TARANA BURKE

Ruby Bridges & Parents

BEING BLACK

```
J A R T I S T I C J G V F G F
P O W E R X I V L T G M E P E
J E M P O W E R M E N T Q C Q
E R X D Z X X H Q J A S H K D
T M E P O R U B G N R I Y B F
L T I F R A C S O O V H X T E
Z M X J J E I I T K Q N S J R
V A M Q J P S S Y I A E E W S
Q N L U C S E S O P R I D E O
M I W D A C D Z I V W K A E P
Q F L P N Z G Z P V W C L W V
G E K A E L S D A A E X Z N K
Q S N J C U L T U R E M J B X
X T P Q A P Q P P J Y T I O I
Y Y T J A O Y U U B R P V Y M
```

WORD BANK

EXPRESSIVE   POWER
PASSIONATE   PRIDE
EMPOWERMENT   CULTURE
MANIFEST   REST
ARTISTIC   ANCESTORS

BLACK WRITERS

46

C	P	W	P	X	G	P	R	M	A	Z	A	F	R	S
M	N	A	Y	N	G	P	R	Y	H	G	F	A	Y	S
A	O	N	U	L	B	T	P	G	W	A	B	X	E	E
Y	S	A	I	L	F	M	K	H	Y	N	U	E	L	H
A	I	R	Z	C	D	A	S	A	C	S	V	L	A	G
A	R	R	P	U	S	U	Q	R	A	V	V	A	H	U
N	R	F	W	D	I	T	N	M	C	I	X	N	X	H
G	O	H	J	Y	D	O	B	X	D	K	O	E	N
E	M	P	A	G	N	H	A	N	A	L	G	R	L	O
L	I	T	V	F	T	M	B	B	E	R	K	E	A	T
O	N	V	Y	E	V	M	J	M	W	Q	V	M	A	S
U	O	G	I	F	K	X	T	Q	O	E	Q	A	Y	G
B	T	G	S	X	H	Y	R	N	M	L	L	C	Q	N
B	N	B	N	K	Z	W	U	Z	D	C	H	L	Q	A
A	H	K	A	R	H	U	Z	R	X	B	R	O	S	L

WORD BANK

ALEX HALEY
NIC STONE
LANGSTON HUGHES
CAMERON ALEXA
TONI MORRISON

IDA B. WELLS
MAYA ANGELOU
ANGIE THOMAS
PAUL DUNBAR

Toni Morrison

EARTH, WIND, & FIRE HITS

47

```
E S H I N I N G S T A R Z G Q
R W W P K L U Q E S H X N J R
I A K X E K E I L T P R F E C
F Y M G X A L T A G D M B X G
E O I V V L V M S F Q M X M D
N F G O M I W I L G E F X E X
I T H R K M T M G T R L N E R
T H T G E B V O P M Z O J I Q
N E Y R Z A G E L C A H O T P
E W M C R S S K F C Y Y X V T
P O I K M T W O Z P H V S R E
R R G O B O J V N Q N M Z R J
E L H V L R J E M S O R Q F C
S D T P K Y S I N G A S O N G
G K Y S A T U R D A Y N I T E
```

WORD BANK

LET'S GROOVE
REASONS
SING A SONG
MIGHTY MIGHTY
SERPENTINE FIRE

SEPTEMBER
SATURDAY NITE
KALIMBA STORY
SHINING STAR
WAY OF THE WORLD

DESSERTS

```
N J T P E A C H C O B B L E R
D B Q S W E E T P O T A T O T
P X R Y K S F I A X X N A L Z
O L D E F R O M S C R A T C H
U B A N A N A P U D D I N G R
N A O K V D G A V D R G B M E
D L A L E Y P Q X O O O T H D
C K P T W Y B U R M W M K N V
A M P E F D L Z D X S Z J L E
K L L A S V T I W D W W I E L
E Y E C Z P V U M A I L E E V
V H P A K U S G A E O N K R E
Z Z I K N G F C U G H G G D T
P D E E F M M U R B X G N V R
X Q G N P G X H Q B H H D P F
```

WORD BANK

- POUND CAKE
- FROM SCRATCH
- PEACH COBBLER
- BREAD PUDDING
- APPLE PIE
- TEA CAKE
- BANANA PUDDING
- KEY LIME
- SWEET POTATO
- RED VELVET

ROCK N' ROLL HALL OF FAME

49

```
P N O Z G E D I R X R U M E X
Z I M A O N X T O O H H E T N
G L V R P G C N T H E F K T W
J K D I Q B U B D U L Z O A O
I N V H H A O R F O G K O J R
M A Y R V U U D W Q Y F C A B
I R C O E Q A N I R E L M M S
H F G E S T I L R D L V A E E
E A Y H B L W E D O D A S S M
N H G C W T B Q R R G L D X A
D T M O D K A Y A N Z G E J J
R E H W C X L U P V L I J Y I
I R U U P L U P A D I A C H N
X A H I E B X S S M W C L I M
C C B J X E R S B B K I N G Z
```

James Brown

WORD BANK

CHUCK BERRY
BO DIDDLEY
ETTA JAMES
JAMES BROWN
JELLY ROLL

ARETHA FRANKLIN
B.B. KING
HOWLIN' WOLF
JIMI HENDRIX
SAM COOKE

90'S R&B GROUPS

```
P J C T B F O E M Z V T S S
R R O B K O T M O Z I P B V
O J A D T V Y O A N D S K V X
F B Z N E Z U Z T I J D U W L
B D E O D C C B T A Y K C E U
A Z A I R S I L V O L Q P Z E
D M K T U F F A Z W M A Y V P
J V R I H V Y C B I C E I I I
T G W D I E A K C S C F N S Z
X A S E L F F S X O I V M O A
E O M W L F L T B H W C U J O
N B H E E T K R L S B W G C I
K C M N P N E N B J P Z U Z
Z R W X S Q Q E Q F W F R W X
V A A Q U C B T H N W P I U N
```

Xscape

WORD BANK

BOYZ TO MEN
DRU HILL
SWV
NEW EDITION
NEXT

JODECI
BLACKSTREET
XSCAPE
TOTAL
HI-FIVE

ANSWER KEY

1. SOUL FOOD

```
. . . Y . . . . . . . . . . . H
. . V . E . . . . . . . . . S G
. C A . G . . . . . . . I P R
. O R . A . . . . . F . O E
. R G . B . G . . D . . R E
. N D . B . . R E . S . K N
. B N . A . . I E K . . C B
. R A . C . R C C E . . H E
. E E . . F . O H . N . O A
. A C . . H . . I . S P N
. D I . M . . . . . C . S S
. . . R . A . . . . . . K . .
. . H . . . . . . . . E . .
. . . . . . . . . . . . . N
. . . . M A C N C H E E S E .
```

PORK CHOPS
GREENS
FRIED FISH
CORNBREAD
MAC-N-CHEESE
CHICKEN
CABBAGE
HAM HOCKS
RICE AND GRAVY
GREEN BEANS

2. 70'S R&B GROUPS

ISLEY BROTHERS
JACKSON FIVE
OHIO PLAYERS
CHI-LITES
TEMPTATIONS
O'JAYS
SPINNERS
SUPREMES
DELFONICS
DELLS

```
. . . . . . . . . . . . . . . .
S . D E L F O N I C S . . . E
R I . . . . . . . . . . . V I
E . S . . . . . D . . . . I
Y . T L C . . . . . E S . I F
A O . E E H . . . . E L . N
L . J . M Y I . . M . . . L O
P . S A . P B L E . . . . S S
O . P . Y . T R I . . . . K
I . I . . S P A O T . . . . C
H N . . U . T T E . . . . A
O . N . S . . . . I H S . . J
. . E . . . . . . . . O E . .
. . R . . . . . . . . . N R .
. . S . . . . . . . . . . S S
```

ANSWER KEY

```
C H E S T N U T . . . . . . O
. Z . . C . . . . . . . S .
. N Y . . H . Y . . S . . .
. O R . . O . E . . E . . .
. R O . . C N . R . . . . .
. B V . . O . P . . . . . .
. . I . H L . S . R . . . .
. . M . . A E D G O L D E N
C . . R . . T . N . S . . .
. A . A . . E . O . E . . .
. . R W . . . . M . B . . .
. . . A . . . . L . L . . .
. . . . M . . . A . I . . .
. . . . . E . . . G . . . .
. . . . . . L . . E . . . .
```

3
MELANIN HUES

HONEY GOLDEN
ALMOND ESPRESSO
CARAMEL CHESTNUT
ROSE BLIGE BRONZE
CHOCOLATE WARM IVORY

4
UJAMAA

CURRENCY BLACK DOLLARS
COMMUNITY COIN
SUPPORT ECONOMICS
SMALL BUSINESS COOPERATIVE

```
. . . S . C . E . . . . . . .
. . . R . . O . C . . . C . T
. . . A . . O . O . . . O R .
. . . L . . . P . N . . O I .
. . . L . . . . Y E . O P . N
. . . O . Y . . T . R P M . .
. . . D . C . . I . U A . I .
. . . K . N . . N S . T . C .
. . . C . E . . U . . . I . S
. . . A . R . . M . . . . V .
. . . L . R . . M . . . . . E
. . . B . U . . O . . . . . .
. . . . . C . . C . . . . . .
. S M A L L B U S I N E S S .
```

ANSWER KEY

```
J B . . . . . . . . R . L
O . L . . . . . . . E I .
J . A . . . . . Z . O . R
O . . C . S . I . O . . E
B L . . K . U R . D . . . T
A I . . E . S U N A . . . B T
O O V . . X T O C B . . U . U
I T I . . S F O A . L R . . B
L U T . I . V O . P C O . . A
. N A O . A . . L S . . C . O
. O M . . . . R I . . . K C
. C I . . . . A . . A . . O
. O N . . . . G . . . N . C
. C E . U . . . . . T . .
. . . . S . . . . . . . .
```

5

SKINCARE

COCOA BUTTER   COCONUT OIL
VITAMIN E   JOJOBA OIL
AVOCADO OIL   SUNBLOCK
SUGAR SCRUB   EXFOLIANT
MOISTURIZER   BLACK SOAP

6

TV SHOWS

FAMILY MATTERS   A DIFFERENT WORLD
THE COSBY SHOW   SISTER SISTER
THAT'S SO RAVEN   POWER
BLACKISH   FAT ALBERT
DOC MCSTUFFINS   MARTIN

```
T . . . . . . . R . . . D . .
. H . . . . . . E . . . N L F
D . E . . . . . W . . E . R A
. O . C . . . . . O V . T O M
. . C . O . . . P A . R . W I
. . . M . S . . R . E . . T L
. . . . C N B O . B . . . N Y
. . . . I S S Y L . . . . E M
. . . T . S T A S . . . . R A
. . R . T . T U . H . . . E T
. A . A . A . . F . O . . F T
M . H . F . . . . . F . W F E
. T . . . . . . . . . I . I R
B L A C K I S H . . . N . D S
S I S T E R S I S T E R S A .
```

ANSWER KEY

```
. . . . . G . . . . . . . . . . .
. . . . . O . . . . . . . . . S .
. . . . . L . . . . . . . . . D .
. . . . . D . . . . . . E . I M .
F . . . . . . . . . . H . M . A .
N E F E R T I T I . C T . A . . .
P . R . . . . . . I P . . R . . .
. H . T . . . R Y . . . Y . . . .
. . A . I . . N G . . . . . P T .
. . . R . L E E . . . . . . U . .
. . . . N A . E H . . . . T . . .
. . . I . O . S . . G . . . . . .
. . . . L . H I O . N . . . . . .
. . . . . E . . F . I . . . . . .
. . . . . . . . K . L . . . . . .
```

7 EGYPT

NILE   PYRAMIDS
GOLD   NEFERTITI
PHARAOH   EGYPT
FERTILE SOIL ENRICHED
FISH   KING TUT

8 70'S R&B SINGERS

MICHAEL JACKSON   PATTI LABELLE
JAMES BROWN   AL GREEN
ARETHA FRANKLIN   DONNA SUMMER
STEVIE WONDER   SLY STONE
GLORIA GAYNOR   ROBERTA FLACK

```
. . J . . . . . . . . . . . . . N
. R . A S L Y S T O N E . I O . .
S O . . M . . . . . . . L . S . .
T N . . . E . . . . K E K K . . .
E Y . . . . S . . . N L R C C . .
V A . . . . . . B . A L . E A . .
I G . . . . . . . R E . . M L J .
E A . . . . . F B O N . M F L . .
W I . . . . A A . E W . U A E . .
O R . . . H L . E . . N S T A . .
N O . . T I . R . . . . A R H . .
D L . E T . G . . . . . N E C . .
E G R T . L . . . . . . N B I . .
R A A . A . . . . . . . O O M . .
. P . . . . . . . . . . . D R . .
```

ANSWER KEY

```
. . . . . . . . . . . T . .
. . . . . . . . . . N N . .
. C C H E F . . . . . A . .
E . Y . . . . . . I T . . .
. N . B . . . . . C . L . .
A . G . E . . . I . T U P .
U . . I . R . . T . C . S H
T . . . N . S A . E . N Y .
H . . . . E M E T . . O S .
O . . . . E E I C . . C I .
R . . . H . H R . U . . C .
. . . T . C . . . . . R I .
. . A . R . . . . . . I A .
. M . A M A N A G E R . T N .
. E N T R E P R E N E U R Y .
```

9 CAREERS

ENGINEER   MATHEMATICIAN
CHEF   ENTREPRENEUR
AUTHOR   PHYSICIAN
MANAGER   CONSULTANT
CYBERSECURITY ARCHITECT

10 CLASSIC MOVIES

LIFE   FIVE HEARTBEATS
SOUL FOOD   BLACK PANTHER
LEAN ON ME   CROOKLYN
HOUSE PARTY   BAD BOYS
FRIDAY   NUTTY PROFESSOR

```
L . . . S . . . . . . . . .
R I . B T . E S . . . . . .
O . F . L A . M Y . . . . .
S . . E A E . N O . . . . .
S . . . C B . O B . . . . .
E . . . K T . N D . . . . .
F . . . P R . A A . . . . .
O . . . A A . E B . . . . .
R . . . N E . L F R I D A Y
P . . . T H . . . . . . . .
Y . . . H E S O U L F O O D
T . . . E V . . . . . . . .
T . . . R I . C R O O K L Y N
U . . . . F . . . . . . . .
N . H O U S E P A R T Y . . .
```

ANSWER KEY

```
. T O M M I E S M I T H . . .
. U . . . . . . . . . . E . .
M . S . . . C A R L L E W I S
. A . A . . . . . S . . . . .
O . A . I . . . R . S . . . .
J . . M . N . . E . . O R . .
O . . . E . B K . . . L O . .
L . . . . B J O . . S R L . .
F . . . . E I . L . . H A Y .
. . . . . . I . N . T . A C A
. . . . K . . . . E . . C N T
. . C . . . . . . . Y . A H N
. A . . . . . . . . . . R O H
J E S S E O W E N S . R J O .
. . . . . . . . . . . . I . J
```

11

TRACK STARS

JESSE OWENS   CARL LEWIS
FLO JO   USAIN BOLT
MAAME BINEY   TOMMIE SMITH
JACKIE J KERSEE   JOHN CARLOS
JOHN TAYLOR   SHA'CARRI

12

FREEDOM FIGHTERS

TOUSSAINT   THURGOOD
SOJOURNER   LANGSTON
DOROTHY   WHITNEY
KAMALA   NEKIMA
AUDRE   AMANDA

```
N . . . . . . . . . . . . . .
O . . . . . . . . . . . . . .
T O U S S A I N T . . . . Y .
S . . . A M A N D A . . H .
G . . . . L . . . . . . T .
N . . . . A . . . . D . . O .
A Y . . . M . O . . . R .
L E . . . A . O . . E O .
. N . . . K G . . N . D .
. T . N . R . . R . . . .
. I . . E U . . . U A U D R E
. H . . H K . . O . . . . . .
. W . T . I J . . . . . . . .
. . . . . O M . . . . . . . .
. . . . S . A . . . . . . . .
```

ANSWER KEY

13 USES FOR THE PEANUT

SOAP   FACE CREAMS
AXLE GREASE   MEDICINES
CHARCOAL   PAINT
COSMETICS   COOKING OIL
INSECTICIDE   GLUE

14 FEELINGS

CONFUSED   HAPPY
MISUNDERSTOOD   SAD
CURIOUS   ANGRY
LONELY   SHY
CONFIDENT   CONTENT

ANSWER KEY

15. AFRICAN EMPIRES

```
. . . . . . . . . . . . .
. . . . . . . . . . . . .
E . G . K . . . M . . . .
R . . R . U . . O . . . .
I . . E . S . . D . . . .
P L . E R A . H . G . . .
M A . G I T . K N . . . .
E N . A P . . Z I . . . .
I D . H M . . . I K N . .
A O . T E . . . . M . G .
H F . R I . . . . U B . D
G P . A L . . . . S . A . O
N U . C A . . . . K . B . M
O N . . M . . . . A . . W .
S T . . . . . . . . . . . E
```

- KUSH KINGDOM
- CARTHAGE
- SONGHAI EMPIRE
- MALI EMPIRE
- LAND OF PUNT
- AKSUM KINGDOM
- GREAT ZIMBABWE

16. VEGETABLES

- BUTTER BEANS
- COLLARD GREENS
- PEAS
- GREEN BEANS
- MASHED POTATOES
- BLACK EYED PEAS
- CREAMED CORN
- MUSTARD GREENS
- SUCCOTASH

```
. C . . . . . . . . . . C .
. . R . . B . . . . . O . S
. . E . U . . . . . S L . E
S . . A . T . . . N . L . O
U . . . M T . . A . . A . T
C . . . . E . E . . . T . A
C . . . . R D B . . . D . T
O . . . . . B N C . . G . O
T . . . . E . O . . . R . P
A . . . E A . . . R . . E D
S . . . . R . N . . . N . E
H . . G . . S . . . . . N H
B L A C K E Y E D P E A S S
. . . P E A S . . . . . . A
. M U S T A R D G R E E N S M
```

ANSWER KEY

17 CARIBBEAN ISLANDS

```
. . . . . . . . . . . . . . . .
. . . . . S . B . . . . . . . .
. A . . . A A . A . . . . . . .
. B . . M . C . R . . . . . . .
. U . . A I . B . . . . . . . .
. R E B . . H A . A . . . . . .
. A X . A . A M . D . . . . . .
. . U . . R B A . O . T . . A .
. . M . . B J . S . R . C . . .
. . A . . . U . . I . I . . . .
. . . . . . . D . N . . . . . .
G R E N A D A . . A I I . . . .
A N T I G U A . . M D . . . . .
. . . . . . . . O . A . . . . .
. . . . . . D . . . D . . . . .
```

JAMAICA   BAHAMAS
EXUMA   BARBADOS
ARUBA   ANTIGUA
BARBUDA   TRINIDAD
GRENADA   DOMINICA

18 COOKOUT

SMOKE   GRILL
POTATO SALAD   COOKOUT
PORK-N-BEANS   HOT DOGS
COLD DRINKS   FRUIT SALAD
BARBECUE   RIBS

```
P H O T D O G S . . . F . . . .
P O B . . . . . . . . R . . . .
O . T A . . . . . . . U . . . .
R C . A R . . . . . . I . . . .
K . O . T B . . . . . T . . . .
N . . L C O E . . . . S . . . .
B E . . D O S C . . . A . . . .
E K . . . D O A U . . L . . . .
A O . . . G R K L E . A . . . .
N M . . . R . I O A . D . . . .
S S . . . . I . N U D . . . . .
. . . . . . . L . K T . . . . .
. . . . . . . L . . S . . . . .
. . . . R I B S . . . . . . . .
```

ANSWER KEY

19 AFRICAN COUNTRIES

```
. . . . . . . . . . . A . . . . .
. . . . . . . . . A I . . . . . .
. . . . . . . . I B . . . . . T .
R . . . R I . . . . . . . . . A .
. W . . E M E T H I O P I A N . .
. . A G A . . . . E . . A . Z . .
. . L N . . . . W . . N . A . .
. A . . D C M B . . . . A . N .
. . . . . A A . . . . . W . I .
. . . . . B L M . . . S . A .
. . . . M . A . E . . . T . .
. . . I . W . R . . O . . .
. . Z . . I . . O . . B . . .
M O Z A M B I Q U E . O . . .
. . . . . . . . . . . N . . .
```

20 HAMBURGER BAR

BUNS
BLUE CHEESE
BACON
GRILL
MUSHROOMS
VEGGIE PATTY
CHEESE
CONDIMENTS
HAMBURGER
ONIONS

ZIMBABWE   TANZANIA
MOZAMBIQUE   ALGERIA
RWANDA   BOTSWANA
CAMEROON   NAMIBIA
ETHIOPIA   MALAWI

```
. . . . . . . . . . . . . . . . .
. . . . . . . G R I L L . C . .
. . . . . . . . . . . . . O N .
. . . . . . . . . . . . . N . .
. . . . . . . . E . Y D . . .
H A M B U R G E R S . T . I S .
. . . . . . . . E N T . . M E
. . . . . . . E O A . . O E S
. . . . . . H C P . . O . N E
. . . . . C A E . S R . . T E
. . . . E B I . N H . . . S H
. . . U . G . O S . . . B . C
. . L . G . I U . . . . U . .
. B . E . N M . . . . N S .
. . V . O . . . . . . . S . .
```

ANSWER KEY

```
. . . . . . C H A I N . . . .
. . . T . . . . . . . . . . .
. . . E . . . . . . . . . . E
. N . L . . . . . . . W . . A
. O . E N . . . . . . A . R .
. S . C B E L L Y C H A I N R .
. E . A . C . . . . . S . I T
. R A R . . K . . . . T . N O
. I N B . . . L . . . B . E S
. N K . . . . . A . . E . S R
. G L . . . . . . C . A . . I
. . E . . . . . . . E D . . N
. . T . . . . . . . . S . . G
G O L D G R I L L . . . . . .
```

21
JEWELRY

CHAIN   GOLD GRILL
EARRINGS   NECKLACE
WAISTBEADS   NOSE RING
ANKLET   BRACELET
BELLYCHAIN   TOE RING

22
80'S R&B GROUPS

GAP BAND   CAMEO
TONY TONI TONE   ATLANTIC STARR
MTUME   MAZE
GUY   EN VOGUE
THE TIME   POINTER SISTERS

```
. . R . . . . . . . . . . P . .
. . R A . . . . . . . . . O . E
. . A T . . . . . . . . . I . N
. . T . . . . C . . . . . N . O
. . S . . . . A . . . . . T . T
. . C I . . . M . . . . . E . I
. . I . G . . E . E . . . R . N
. . T . . A . O E Z . . . S . O
. . N . . . P M . A . E . . T Y
. . A . . . U B . M M . . S Y N
. . L T . . . . A I . . T . N O
. . T . M . . . . T N . E . O .
G . A . . . . . . . E . D . R T
U Y . . . . . . . . . . . . S .
Y . . . . T E N V O G U E . . .
```

ANSWER KEY

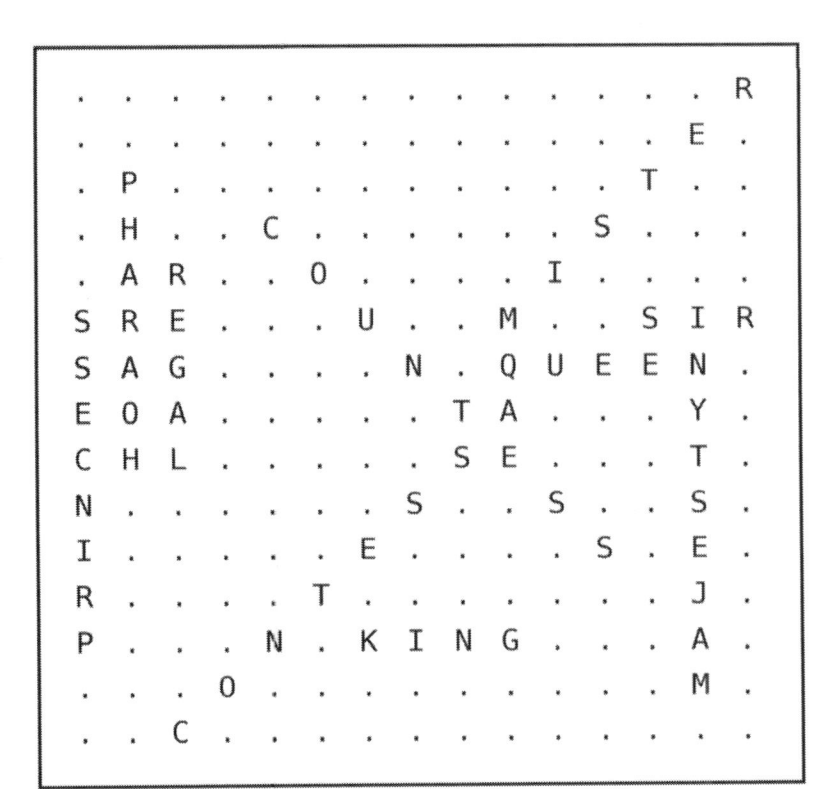

23 REGAL FIRST NAMES

KING
MISTER
QUEEN
CONTESSA
MAJESTY

SIR
PHARAOH
PRINCESS
COUNTESS
REGAL

24 JUNETEENTH

FREEDOM
HOLIDAY
BLACK
GREEN

CELEBRATION
RED
YELLOW
GALVESTON BAY

ANSWER KEY

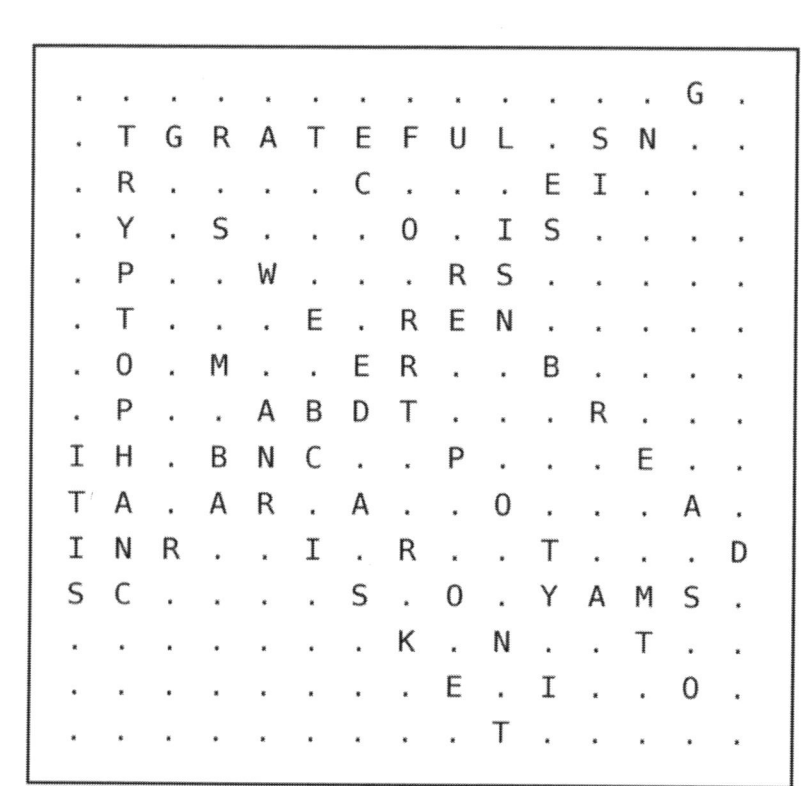

```
. . . . . . . . . . . . . G .
. T G R A T E F U L . S N . .
. R . . . C . . E I . . .
. Y . S . . O . I S . . .
. P . . W . . R S . . . .
. T . . E . R E N . . . .
. O . M . E R . . B . . .
. P . . A B D T . . . R .
I H . B N C . . P . . . E .
T A . A R . A . O . . . A .
I N R . . I . R . . T . . D
S C . . . . S . O . Y A M S .
. . . . . . . K . N . T . .
. . . . . . . E . I . . O .
. . . . . . . T . . . . . .
```

THANKSGIVING

DRESSING
CRANBERRIES
MACARONI
BRISKET
TRYPTOPHAN

CORNBREAD
GRATEFUL
YAMS
ITIS
SWEET POTATO

HEADWEAR

BONNET
HEADSCARF
KANGOL
TRUCKER HAT
SNAPBACK

HAT
SKULLY
WRAP
FITTED
DURAG

```
. . S K U L L Y . . . . T . .
. . B . . . . . . . . A . .
. . O K A N G O L . H . . .
. . N . . . . . R . . . .
. . N G . . . . E . . . .
. . E A . . . K . . . . .
. . T R . . C K W R A P . .
. . U . U C . . . . . . .
. . D R A . H . . . . . .
. . . T B . . . A . . . . D
. . . P . . . . . T . . E .
H E A D S C A R F . . . T . .
. N . . . . . . . . . . . .
S . . . . . . . . . . I . .
. . . . . . . . . F . . . .
```

ANSWER KEY

27 HAPPINESS

```
. . . . . . . . . . . .
C . . . . . . . . Y . T
I . . . C . . R S . . N
T . E . . H . R S . E .
S . C . . . E D . I . M
A . S . J M . E L . . E
I . T D O . T R B . . T
S . E A . A Y . . H . F . . I
U . E T . L F . . G . . U . C
H . L I . G U . I . . . L . X
T . G C . . L . L . . . . . E
N . . . . . . . . E . . . . .
E . . . . . . . D . . . . . .
. . . . . . . . . . . . . . .
. . . . . . . . . . . . . . .
```

ECSTATIC GLEE
ENTHUSIASTIC GLAD
CHEERFUL BLISS
DELIGHTED JOYFUL
MERRY EXCITEMENT

28 CREOLE DINNER

GUMBO
DIRTY RICE
ANDOUILLE
SHRIMP BOIL
JAMBALAYA
CAJUN REMOULADE
CAJUN SHRIMP
CHICKEN CREOLE
RED BEANS-N-RICE
SHRIMP PO'BOYS

```
. C A J U N S H R I M P . E .
E . . . G . . . . . . . C . .
D J C . . U . . . . . I . . .
A A H . . . . M . . R . . . L
L M I . . . . B N . E . I . .
U B C . . . . S O C E O . . .
O A K . . . . N . I L B . . .
M L E . . . A . R L P . . . .
E A N . . E . Y I M . . . . .
R Y C . B . T U I . . . . . .
N A R D . R O R . . . . . . .
U . E . I D H . . . . . . . .
J R O D N S . . . . . . . . .
A . L A . . . . . . . . . . .
C . E S H R I M P P O B O Y S
```

ANSWER KEY

```
                    .   .   .   .   .   .   .   .   .   .   .   .   .   .   .   .   N
X   E   M   P   O   W   E   R   M   E   N   T   .   .   .   .   I   T   I
M   .   .   .   .   .   .   .   .   .   .   .   .   .   .   .   T   I   S
L   .   T   .   .   .   .   .   .   .   .   .   .   .   .   .   I   .   .
O   .   S   .   .   .   .   .   .   .   .   .   .   .   .   .   S   .   .
C   .   E   .   .   .   .   .   .   .   .   .   .   .   .   S   .   .   .
L   .   T   .   Y   .   .   .   .   .   .   G   R   .   .   .   .   .   .
A   .   O   .   T   .   .   .   .   N   E   F   .   .   .   .   .   .
M   .   R   .   I   .   .   .   I   T   .   R   .   S   .   .   .   .
.   .   P   .   L   .   .   K   H   .   .   E   .   E   .   .   .   .
.   .   .   .   A   .   .   R   G   .   .   .   E   .   H   .   .   .
.   .   .   U   .   D   I   .   .   .   .   .   D   .   C   .   .   .
.   .   .   Q   .   F   .   .   .   .   .   .   O   .   R   .   .   .
.   .   .   .   E   .   .   .   .   .   .   .   .   M   .   A   .   .
.   .   .   .   E   L   L   A   B   A   K   E   R   .   M   .   .   .
```

29

CIVIL RIGHTS MOVEMENT

FREEDOM   FIGHTERS
MARCHES   SIT IN
PROTEST   DR. KING
MALCOLM X   ELLA BAKER
EMPOWERMENT   EQUALITY

30

GRADUATION

CELEBRATION   DEGREE
DIPLOMA   CAP AND GOWN
STOLE   MATRICULATION
PICTURES   COMPLETION

```
.   .   M   A   T   R   I   C   U   L   A   T   I   O   N
.   .   P   I   C   T   U   R   E   S   .   .   N   .   .
.   .   .   .   .   .   .   .   .   C   .   .   W   E   .
D   E   G   R   E   E   .   .   .   E   .   .   O   L   .
.   .   .   .   .   A   .   .   L   .   .   G   O   .
.   .   .   .   M   N   .   E   .   D   T   .
.   .   .   O   O   .   .   B   .   N   S   .
.   .   .   L   I   .   .   R   .   A   .
.   .   .   P   T   .   A   .   A   P   .
.   .   .   I   E   .   T   .   .   A   .
.   .   .   D   L   .   .   I   .   C   .
.   .   .   .   P   .   .   O   .   .   .
.   .   .   .   M   .   .   N   .   .   .
.   .   .   .   O   .   .   .   .   .   .
.   .   .   .   C   .   .   .   .   .   .
```

ANSWER KEY

31 AFRICAN ANIMALS

```
. . . . . . . . . . . . . . . H
G . . A A R D V A R K . . C .
H E . . . . . . . . . I . S .
. A R . B . . . . . . R . U .
C . R E . O . . . T . . . M .
H B . T N . N . . S . . . A .
I E U . E U . O O . . . . T .
M N . S . B K . B . . . . O .
P I . . H . E . . O . . . P .
A P . . . B . E B U F F A L O
N U . . . . . U S . . . . P .
Z C . . . . . . C . T . . P .
E R . . . . . . . K . . . I .
E O . . . . . . . . . . . H .
. P . . . . . . . . . . . . .
```

AARDVARK BUFFALO
BONOBO BUSHBUCK
CHIMPANZEE GERENUK
OSTRICH PORCUPINE
HIPPOPOTAMUS HARTEBEEST

32 JAMAICAN DINNER

SALTFISH JERK CHICKEN
OXTAIL CURRY GOAT
FISH ESCOVITCH RUN DOWN
FISH TEA CORN SOUP
RICE AND PEAS PLANTAINS

```
. . . . . . F I S H T E A . .
. . R I C E A N D P E A S . .
F I S H E S C O V I T C H . .
. . N . J . . . . . . . . . .
. H I T E . . . . . . . . . .
. S A A R . . . . . . . . . .
. I T O K U . . . . . . . . .
. F N G C . N . . . . L . P .
. T A Y H . . D . I . . U . .
. L L R I . . . O A . . O . .
. A P R C . . T W . S . . . .
. S . U K . . X . N . . . . .
. . . C E . O . . R . . . . .
. . . . N . . . O . . . . . .
. . . . . . . . C . . . . . .
```

ANSWER KEY

33 USES FOR SWEET POTATO

- PIGMENT
- MEDICINE
- PAPER
- SHOE BLACKING
- BISQUE POWDER
- SUGAR
- SILK
- RUBBER
- SYNTHETIC GINGER
- WOOD FILLER

34 BIRTHDAY

- CELEBRATION
- BIRTHDAY CAKE
- GRATITUDE
- DECORATIONS
- STEVIE WONDER
- GAMES
- THEMES
- FOOD
- SURPRISE
- SINGING

ANSWER KEY

```
. . . . . . . . . . . . . . . .
. V B A C K G R O U N D . . . . .
. . E . . . . . S I N G E R S . .
. . . R . . . E . . . . L . . . .
. . . . S . . S . . . . E . . . .
. M . . . E . R . . . A . B . . .
. . E . . . E . . . . D . A S . .
. . . L . . V . E . . . S S D . .
. . . . O . . T . G . . U E R . .
. . . . . D . S . D . R L O . . .
. . . . . . Y R . I . . O I H . .
. . . . . . . I . R . . H N C . .
. . . . . . . . F . B . . C E . .
. . . . . . . . . . . . . . . . .
```

SONGWRITING

CHORUS   BRIDGE
FIRST VERSE   CHORDS
MELODY   BASELINE
SINGERS   LEAD
VERSE   BACKGROUND

80'S R&B SINGERS

WHITNEY HOUSTON   PRINCE
DIANA ROSS   BARRY WHITE
CHAKA KHAN   SADE
MARVIN GAYE   LIONEL RICHIE
LUTHER   JANET JACKSON

```
. . . . . D P . B . W . . . C .
. . . . . L I R . A . H J . . H .
. . . . . I A I . R . I A . . A .
. . . . . O N N . R E T N . . K .
. . . . . N A C . Y D N E . . A .
. . . . . E R E . W A E T . . K .
. . . . . L O . H S Y J . . H .
. . . . . R S . . I . H A . . A .
. . . . . I S . . T . O C . . N .
L . . . . . C . . E . U K . . . .
. U . . H . . . . . S S . . . . .
. . T . I . . . . . . T O . . . .
. . . H E . . . . . . . O N . . .
. . . . . E M A R V I N G A Y E .
. . . . . . R . . . . . . . . . .
```

ANSWER KEY

37 CHRISTMAS

```
. . . . G . . . . . R . . . . .
. . . . I . . . O . Y . . . . .
. . . V . . I E . E . . . . . .
. . . I . V R R . . . . . . . .
. . . N . A U A . . . . . . . .
. . . . G S T C W I S E M E N .
. . . . Y P H I N M Y M I N D .
. . . L I A . . . P . . . . . .
. . O R I . M Y . . R . . . . .
. H C R . A . L . . A . . . . .
. S A . R . . I . . . Y . . . .
. M . G . . M . . . . . E . . .
. . O . . . A . . . . . . . R .
. R . . . . F . . . . . . . . .
P T E M P T A T I O N S . . . .
```

- HOLY SAVIOR
- SCRIPTURE
- FAMILY
- MARIAH CAREY
- TEMPTATIONS
- WISE MEN
- PRAYER
- GIVING
- PROGRAM
- IN MY MIND

38 90'S R&B SINGERS

- USHER
- LAUREN HILL
- MONICA
- GINUWINE
- KEITH SWEAT
- FAITH EVANS
- BRANDI
- ERYKAH BADU
- TONI BRAXTON
- MARY J.

```
. L . . . . . . . . . . . . . .
. . A . . . M O N I C A . . . .
. . . U . . . . . . . N . . . .
. . . . B R A N D I . . R O . .
. . . . F . E . . . E . . T . .
. . E . A . N . . H . . . X . .
. . G R . I . H S . . . A . . .
. . . I Y . T U I . . . R . . .
. . . N K . H . L . . B . . . .
. . . . U A . E . L . I . . . .
. M A R Y J W H . V . N . . . .
. . . . . I B . A . O . . . . .
. . . . . . N A . N T . . . . .
. . . . . . . E D . S . . . . .
. K E I T H S W E A T U . . . .
```

ANSWER KEY

```
. . S T A R F R U I T . . . .
. . M . . . . . . . . . N . .
C . U . S . Y . . . . O . . .
O . S . . T R . . . L . . . .
C . C . . . R . . E . . . . E
O . A . . . E A M . . . P . .
N . D . . . B R W . . U . . .
U W I . . . E . B O . . . . .
T E N . . T U . L E . . . . .
. D E . . A . L . A . . R . .
. Y . . W . . B T . . . . R .
. E . . . . . N . . . . . . Y
. N . . . . A . . . . . . . .
. O . . . . C . . . . . . . .
. H . . . . . . . . . . . . .
```

39
FRUIT

CANTALOUPE   HONEYDEW
STRAWBERRY   BLUEBERRY
MUSCADINE   WATERMELON
STARFRUIT   COCONUT

40
STATES WITH HBCU'S

WEST VIRGINIA   NORTH CAROLINA
SOUTH CAROLINA   ARKANSAS
OKLAHOMA   MISSOURI
MICHIGAN   MARYLAND
MISSISSIPPI   TENNESSEE

```
W E S T V I R G I N I A . T .
. O K L A H O M A . . . . E .
. . . . M A R Y L A N D N N A
. . . . M . . . . . A . N N .
. . . . I A . . . G . . E . I
M . . . S . R . . I . . S L .
I . . . S . . K H . . . S O .
S . . . I . C A . . . . E R A
S . . . S . I . N . . . E A .
O . . . S M . . . S . . . C .
U . . . I . . . . . A . . H .
R . . . P . . . . . . S . T .
I . . . P . . . . . . . . R .
. . . . I . . . . . . . . O .
S O U T H C A R O L I N A . N
```

ANSWER KEY

```
. R S L A M D U N K . . . . . .
. T E . L E B R O N J A M E S .
. R . B . . . . . . . . . S . .
. I . O . . . . T . K W . . . .
. P . . U . U . R O . . . . . .
. L J . . N O . A R . . . . . .
. E . E . . E D P H . . . . . .
. D . . R M . S T . . . . . . .
. O . . I S E E E . . . . . . .
. U . T . C E . J . . . P . . .
. B . . A R . Y E . . V . . . .
. L . D F . . . . C . M . . . .
. E N . . . . . T . . E . . . .
. A . . . . . . . E . . . . . .
C . . . . . . . . D . . . . . .
```

41 BASKETBALL

FREE THROW   EJECTED
TIME OUT   SLAM DUNK
LEBRON JAMES   MVP
CANDACE SPARKS   TRIPLE DOUBLE
JERSEY   REBOUND

42 HAITIAN DINNER

TCHAKA   GRIOT
BOUILLON SOUP   JOUMOU
PIKLIZ   TASSOT
HAITIAN PATTY   PÂTÉ PUFFS
LEGIM   POULET AUX NOIX

```
. . . . . . . . . . . . . S . Y
. . . . . . . . P . . F . P T .
. . . . . . . . O . F . . I T .
G . . . . . . . U . U . . . K A
. R . . . . . . L P . M . L P .
. I . . . . . . E . . I . I N .
. . . O . . T T . . . G . Z A .
. . T . A . A . . . . E . U I .
. . . P . U . . . . . L O . T .
. . . . . X . . M T T I . . . .
B O U I L L O N S O U P C O A .
. . . . . . . . O . O . . H S .
. . . . . . . I J . . . A S . .
. . . . . . . X . . . . K A . .
. . . . . . . . . . . . A T . .
```

ANSWER KEY

43 CHURCH

```
F . . . . . . . P . P R A Y E R
H U . . . . . R . . . . L R P
C D N . . . . O . . . . O E E
E N . E . . G . . . . O H P
E E . . R . . R . . . S H E P
P R C . . A . A . . S . C A E
S E H . . . L M . E . . S R R
R V U . . . . S N . . . Y S M
E E R . . . . . O . . . A A I
T R C . . . C . . . . . D L N
S . H . . A . . . . . . N . T
A . . H . E . . . . . . . . .
E . A D . . . . . . . . . . .
. . . T . . . . . . . . . . .
```

REVEREND
PRAYER
REHEARSAL
FUNERALS
CHURCH HAT

EASTER SPEECH
SUNDAY SCHOOL
PROGRAMS
DEACONESS
PEPPERMINT

44 REVOLUTIONARIES

JULIAN BOND
LATEEFAH SIMON
REFORM
NAT TURNER
ROSA PARKS

JOHN LEWIS
CHANGE
RIGHTS
RUBY BRIDGES
TARANA BURKE

```
. . . . . . . . . . . S . . . N
. . . . . . . . . E E . . O .
. . . . . . . . G K . S M . N
. . . . . . . D R D T I . . A
. . . . . . I U N H S . . . T
R . . . . R B O G H . S . . T
. O . . B A B I A . I . . . U
. . S Y N N R F . W . . . . R
. . B A A . E . E . . . . . N
. U R I P E . L . . . . . . E
R A L . T A N C H A N G E . R
T U . A . H R . R E F O R M .
J . L . O . . K . . . . . . .
. . . J . . . . . S . . . . .
```

ANSWER KEY

```
. A R T I S T I C . . . . . .
P O W E R . . . . . . . E . .
. E M P O W E R M E N T . . .
. . X . . . . . . A S . . . .
. . . P . . . . . N R . . . .
. . . . R . . O O . . . T . .
. M . . . E . I T . . . S . .
. A . . . . S S . . E . . . .
. N . . . S E S . P R I D E .
. I . . A C . . I . . . . . .
. F . P N . . . V . . . . . .
. E . A . . . . . E . . . . .
. S . . C U L T U R E . . . .
. T . . . . . . . . . . . . .
. . . . . . . . . . . . . . .
```

45 BEING BLACK

EXPRESSIVE   POWER
PASSIONATE   PRIDE
EMPOWERMENT   CULTURE
MANIFEST   REST
ARTISTIC   ANCESTORS

46 BLACK WRITERS

ALEX HALEY   IDA B. WELLS
NIC STONE   MAYA ANGELOU
LANGSTON HUGHES   ANGIE THOMAS
CAMERON ALEXA   PAUL DUNBAR
TONI MORRISON

```
. P . . . . . . . . . . . . . . .
M N A . . . . . . . . . . . A Y S
A O N U . . . . . . . . . X E E .
Y S . I L . . . . . . . . E L H .
A I . . C D . . . . S . L A G . .
A R . . . S U . A . . A H U . . .
N R . . . I T N M . . N X H . . .
G O . . . . D O B . . O E N . . .
E M . . . H A N A . . R L O . . .
L I . . T . B E R . E A T . . . .
O N . . E . . . w . M . S . . . .
U O . I . . . . . E A . G . . . .
. T G . . . . . . L C . N . . . .
. N . . . . . . . . L A . . . . .
A . . . . . . . . . . S L . . . .
```

ANSWER KEY

```
E S H I N I N G S T A R . . .
R W . . . L . . . . . . . . R
I A . . . K E . . . . . E .
F Y M . . A . T . . . . B .
E O I . . L . S . . M . . .
N F G . . I . . G E . . . .
I T H R . M . . T R . . . .
T H T . E B . . P . O . . .
N E Y . . A . E . . . O . .
E W M . . S S . . . . . V .
P O I . T . O . . . . . E
R R G . . O . N . . . . .
E L H . . R . . S . . . .
S D T . . Y S I N G A S O N G
. . Y S A T U R D A Y N I T E
```

47
EARTH, WIND, & FIRE HITS

LET'S GROOVE   SEPTEMBER
REASONS   SATURDAY NITE
SING A SONG   KALIMBA STORY
MIGHTY MIGHTY   SHINING STAR
SERPENTINE FIRE   WAY OF THE WORLD

48
DESSERTS

POUND CAKE   TEA CAKE
FROM SCRATCH   BANANA PUDDING
PEACH COBBLER   KEY LIME
BREAD PUDDING   SWEET POTATO
APPLE PIE   RED VELVET

```
. . . P E A C H C O B B L E R
. B . S W E E T P O T A T O .
P . R . . . . . . . . . . . .
O . . E F R O M S C R A T C H
U B A N A N A P U D D I N G R
N . . K . D . . . . . . . . E
D . A . E . P . . . . . . . D
C . P T . Y . U . . . . . . V
A . P E . . L . D . . . . . E
K . L A . . . I . D . . . . L
E . E C . . . . M . I . . . V
. . P A . . . . . E . N . . E
. . I K . . . . . . . . G . T
. . E E . . . . . . . . . . .
```

ANSWER KEY

```
. A R T I S T I C . . . . . . .
P O W E R . . . . . . . E . . .
. E M P O W E R M E N T . . . .
. . X . . . . . . . A S . . . .
. . . P . . . . . N R . . . . .
. . . . R . . . O O . . . T . .
. M . . . E . I T . . . . S . .
. A . . . S S . . . E . . . . .
. N . . . S E S . P R I D E . .
. I . . A C . . I . . . . . . .
. F . P N . . . V . . . . . . .
. E . A . . . . . . E . . . . .
. S . . C U L T U R E . . . . .
. T . . . . . . . . . . . . . .
. . . . . . . . . . . . . . . .
```

45 BEING BLACK

EXPRESSIVE   POWER
PASSIONATE   PRIDE
EMPOWERMENT   CULTURE
MANIFEST   REST
ARTISTIC   ANCESTORS

46 BLACK WRITERS

ALEX HALEY   IDA B. WELLS
NIC STONE   MAYA ANGELOU
LANGSTON HUGHES   ANGIE THOMAS
CAMERON ALEXA   PAUL DUNBAR
TONI MORRISON

```
. P . . . . . . . . . . . . . . .
M N A . . . . . . . . . . A Y S
A O N U . . . . . . . . . X E E
Y S . I L . . . . . . . . E L H
A I . . C D . . . . S . L A G .
A R . . . S U . A . . A H U . .
N R . . . I T N M . . N X H . .
G O . . . . D O B . . . O E N .
E M . . . H A N A . . R L O . .
L I . . T . B E R . E A T . . .
O N . E . . . . . W . M . S . .
U O . I . . . . . . E . A . G .
. T G . . . . . . . . L C . N .
. N . . . . . . . . . . . L A .
A . . . . . . . . . . . . . S L
```

ANSWER KEY

49. ROCK N' ROLL HALL OF FAME

```
. N . . . . . . . . . . E . .
. I . . . . . . . . . E T N .
. L . . . . . . . . F K T W .
J K . . . B . . . . L O A O .
I N . . . O . . O . . O J R .
M A . . . . D W . Y . C A B .
I R . . . . . N I R . L M M S
H F . . . . I . R D L . A E E
E A . . . L . E . O D . S S M
N H . . W . B . R . . L . . A
D T . O . K . Y . . . . E . J
R E H . C . L . . . . . . Y .
I R . U . L . . . . . . . . .
X A H . E . . . . . . . . . .
. C . J . . . . . B B K I N G .
```

CHUCK BERRY   ARETHA FRANKLIN
BO DIDDLEY   B.B. KING
ETTA JAMES   HOWLIN' WOLF
JAMES BROWN   JIMI HENDRIX
JELLY ROLL   SAM COOKE

50. 90'S R&B GROUPS

```
. J . B . . . . . . . . . .
. . O . . O T . . . . . . .
. . . D . . Y O . . . . . .
. . N E . . Z T . . . . . .
. . O D C . B T A . . . E .
. . I R . I L . O L . P . E
. . T U . A . M A . V . .
. . I H . . C . . C E I . .
T . D I . . K . S . F N . .
X . . E L . . S X . I V . .
E . . W L . . T . H W . . .
N . . . E . . . R . S . . .
. . . . N . . . E . . . . .
. . . . . . . . E . . . . .
. . . . . . . . . T . . . .
```

BOYZ TO MEN   JODECI
DRU HILL   BLACKSTREET
SWV   XSCAPE
NEW EDITION   TOTAL
NEXT   HI-FIVE

Don't leave us hangin'!
Keep in touch!

@yaya_girlz

@yayagirlz_

Yaya Girlz

Yaya Girlz

www.yayagirlz.com

Made in the USA
Columbia, SC
23 June 2023